AF190041

1

Marion Jana Goeritz

Galerie

Bibliografische Information der Deutschen Nationalbibliothek:

Die Deutsche Nationalbibliothek verzeichnet diese Publikation in der Deutschen Nationalbibliografie; detaillierte bibliografische Daten sind im Internet über http://dnb.dnb.de abrufbar.

Herstellung und Verlag: BoD – Books on Demand, Norderstedt

ISBN: 978-3-7448-8510-2

Herzlich Willkommen
liebe Leser,

manchmal betrachtete ich schon ein Bild und etwas in mir bewegte mich zum Nachdenken, über mein Leben, meine Gefühle. Eine Spiegelung im Außen, machte mir bewusst, was ich noch tun müsse, um wieder positiver vorwärtsgehen zu können. So ähnlich kann es durchaus auch mit Worten geschehen. Seelenbilder bewegen sich aus der Tiefe empor und lassen diese im Gefühl bewusster werden, so dass eine positive Veränderung stattfinden darf, lässt der Mensch zu, sich darauf einzulassen, um zu schauen, wo er noch eine Veränderung zum Besseren vornehmen kann.

Herzlichst

Marion Jana Goeritz

Wenn ein Blatt Papier weiß,
das noch leer,
gefüllt sein möchte
mit Worten,
braucht es ein Herz,
das schreibt.
Ein Mensch,
welcher seine Zeit
in Liebe lebt,
trägt ein schönes Lächeln
im Gesicht.
Wenn ein schöner Traum
beginnt zu leben,
ist der Mensch
sich selbst viel wert,
wenn er das

noch niederschreibt,
sollte er
belohnt auch werden.
Ist das weiße Blatt Papier,
mit ehrlich schönen
Worten beschrieben,
so braucht es nur noch
einen Menschen,
dem sie etwas
bedeuten mögen.

Eine eigene Fahne
mit positiven Werten,
für das richtige
individuelle Leben,
darf sich halten
in jedem Wind,
dennoch
dreht sie sich nur
in ihre eigene Richtung.

Hinter der Welt,
eine andere entdeckt?
Hell,
friedlich und mit Herz?
Bunte Träume
trägt der Wind
und an allen Wegen,
Blumen wachsen?
Morgens
trägt der Himmel Blau,
Mittags Sonne satt.
Abends
schwebt am Horizont,
silbern leuchtend
noch der Mond?
Nur Nachts
besuchen Regentropfen,

das gute Land
hinter der Welt?
Hände berühren dort
in Liebe,
Gedankenkreise hören auf?
Gefühle
schenken Liebessegen
und das Lachen,
das dort wohnt,
birgt wirklich
Heilung für die Seele?

Einst gefallen
von so weit oben,
Herztür,
sprang dennoch wieder auf.
Schmerz getilgt
auch mit weisen Worten,
weil immer wieder
Mut gespürt.

Als sie
gebogen werden sollte,
blieb sie einfach locker.
So blieb sie ganz.
Ihre Mitte
fühlt sie sicher,
aus ihr strahlt
ein liebevoller Seelenglanz.

Legt sie ihren Finger
auch in alle Wunden.
Sie tut dies,
weil sie sich
selbst und euch auch mag.
Sie schreitet
einfach auf anderen Wegen,
Ehrlichkeit,
ihr Begleiter heißt.
Euer Schmerz,
trägt euren Namen,
fragt ihn danach,
erstaunt werdet ihr sein.
Und in allem,
was ihr ergründet,
liegt eine Chance,
zuvor, für euch allein.

Ergreift ihr sie,
so werdet ihr finden,
die Liebe in euch,
das Lachen auch.
Und nach all den Tränen
die flossen, fühlen,
eine gesunde Seele
wohnt auch in euch.

Reine Gedanken
erheben sich zur Sonne.
Sie nimmt sie auf
und liebt sie sehr.
Friedenstauben
fliegen höher,
Liebe finden,
ein Weg erspäht.

Auf der Reise ins Leben,
manches vielleicht
doch übersehen?
Weite Wege auch gescheut?
Kurzer Trip
manchmal doch bereut?
Es drehen sich die Winde
in alle Richtungen,
mancher drehte sich mit
und kommt wohl nie an?
Auf der Reise ins Leben,
Funkenflug gesehen?
War da was?
Und wenn auch,
es muss doch weitergehen?
Chancen kamen,

doch wurden sie auch gesehen
und wahrgenommen?

Gedankenspiele, alte Spirale?
Was meint das Gefühl dazu?
Achtest du dich jetzt selbst?
Oder folgst du
noch den anderen?
Welches Leben, lebst du?
Gehst du
mit erhobenen Haupt,
sprichst wahre Worte aus?
Zeigst du dich
in deiner Liebe,
wie groß sie auch ist?

Sandte manche Nacht
auch dunkle Perlen,
ihre Farben
behielten sie auch bei Tag.
Sie erinnerten,
das es etwas zu ändern gab.

Ist es dir wichtig,
stelle
die unbequemen Fragen,
doch zuerst dir selbst.
Lerne dich
erst wirklich kennen,
auch lieben,
du wirst gesehen sein.
Und wird es auch nur einen
Menschen geben,
der es wirklich
zu schätzen weiß,
du,
bist auf der richtigen Spur,
dein Gefühl gibt es dir preis.

Alte Wege waren gut?
Auf jeden Fall
waren sie anders.
Alte Wege brachten uns,
auf diesen,
den wir gerade jetzt gehen.
Alte Wege
sind ein Teil von uns,
wenn sie auch
Erinnerung nur heißen,
sie haben uns wachsen lassen,
womöglich, über uns hinaus.

Solange wir
noch Hoffnung hegen,
haben wir dann verstanden?
Oder bemüht
der Zweifel sie nur?

Wenn
die Dunkelheit aufbricht,
erstrahlt der Himmel
im hellen Licht.
Wenn eine Welle
noch so klein,
am Fels sich bricht,
entspringt dem Gefühl
ein Lächeln
und zaubert es ins Gesicht.
Fremde Schatten übersehen,
eigene gefühlt,
etwas wahrgenommen,
das von Liebe laut erzählt.

Beginnen wir heute,
schauen in unsere Welten,
suchen nach uns, überall.
Und finden wir uns,
auf der eigenen Heute,
werden wir ein Lachen tragen,
das wohl kaum
von dieser Welt
und doch,
wird es auf ihr zu hören sein.

Wir atmen Silber,
wir atmen Gold.
Gedanken fallen sacht,
sauber in die Welt,
scheint sie auch
noch so klein.
Schatten überspringen,
nur in der Erinnerung,
ein kleiner Schritt
schon genügt,
so werden wir wieder
größer sein.
Wir atmen Silber ein,
wir atmen Gold aus.
Wir atmen Grün ein,
wir atmen Grün aus.

Wir amten Grün ein,
wir atmen Grün aus.

Glückstropfen
gefallen ins Leben.
Bewässern das Gute,
es wächst und ist schon groß.
Es lächelt uns an
und es bleibt bei uns.
Und fragt uns jemand,
wie es gekommen,
dürfen wir es erzählen?
27 Glückstropfen fielen einst,
in unser Leben.
Woher sie kamen,
haben wir noch nie erfahren,
sie waren wohl einfach nur da.

Ihre starken Wurzeln
hielten sie,
da wo sie sich zu Hause fühlt?
Stauntest du über ihre Kraft?
Schaut sie zur Sonne auf
und empfängt
ihre warmen Strahlen?
Tust du es ihr nach?
Breitet sie sich göttlich aus,
weit in den Himmel hoch?
Du glaubst,
so etwas hättest
du noch nie gesehen?
Erblüht sie,
in ihren schönsten Farben?
Trägst du dein Lachen
für Jedermann?

Sitzt du wirklich
in einem Schatten?
Du weißt,
ein paar Schritte weiter nur,
könnte es doch anders sein,
auch du stündest im Licht.
Lehntest du an einer Haut,
fühltest Ruhe in dir?
Nahmst du sie
auch von weitem nur wahr,
entzückte nur dein Gefühl?
Es lag immer nur an dir,
wie dein Weg verlief,
ganz gleich, wo sie auch war.
Sie wünscht dir die Liebe,
die dich groß
und wahr sein lässt.

Die Liebe,
die dich immer trägt,
durch dein ganzes Leben.
Sie wünscht dir ein Gefühl
der Empfindsamkeit,
du gern zuhörst,
und du auch gern
und wahr erzählst.
Sie nimmt dich nie mehr
von weitem wahr.
Von nah auch keinesfalls.
Wer trägt die Schuld?
Sie fühlte nur, das sie sich,
durch dein Gefühl
anders fühlte, so,
als würdest du dich nie lieben.

Meine Burg,
scheint sie auch klein,
doch so viel ist in ihr zu Haus.
Ihre Gemächer, groß,
weil Liebe darin wohnt.
Schöne Begegnung
schon erfahren,
Freundin, Geliebte, Frau.
Lust und Freiheit
wohnten daneben,
manchmal
war es mir dort zu laut.
Die Schülerin,
auch die Lehrerin wohnen hier
und manche Träne schon,
durchzog das Gemach.

Dann
mahnte die Lehrerin so dann,
der Weg beginnt doch in dir,
zu dir,
so folgte das Lachen
der Schülerin.
Denn nur durch Verstehen,
durch mich selbst lieben,
wächst die Liebe in mir,
doch auch in der Welt.
Meine Burg
scheint sie auch klein,
doch viel Gefühl wohnt in ihr,
nur durch mich allein.

Wenn die Stimme in Einem,
ihn aufbrechen lässt,
wird er Wege gehen,
die nur für ihn bestimmt.
Herzens Wege.

Es zerbrachen
die unguten Gefühle?
Ja.
Weil ich lernte,
mich gänzlich zu lieben.

Holten wir
unsere Tiefen empor?
Erzählten sie nur uns?
Würden wir danach gefragt,
sollten wir Antwort geben.
Ausweichen, Oberfläche pur.
Wir haben gelernt.
Und haben wir,
wirklich gelernt
uns selbst zu lieben?
Meine Antwort für mich ein
"Ja."

Er dachte immer,
er wäre mutig,
doch dann kam sie.
Er dachte immer,
er wüsste vieles,
doch bemerkte,
es war zu wenig.
Er dachte immer,
er hätte so viel zu sagen,
doch dann
las er etwas von ihr.
Er dachte immer,
sie fühlt so tief.
Und, wenn heute noch einmal
alles auf Anfang wäre,
er würde wohl wegschauen?

Und wenn,
würde einer ihn fragen,
„Wohin?"
Würde er die Frage hören?

Mancher Mensch,
fiel scheinbar
so aus dem Himmel.
Vor die Füße, einfach so.
Und da standen sie nun.
Chaos erzählte einst
eine Geschichte,
doch alles ordnete
sich danach.
Wie einfach das doch klingt.
Nein,
einfach geht wohl anders,
aber es ist gelungen.

Wenn, der Weg das Ziel,
dürfen wir
in alle Richtungen schauen?
Auch,
wenn wir nur
in eine gehen können?

Wenn alte Farben
wieder beginnen,
sich ins Leben
zurückzusehnen,
fühlen wir in uns,
ob einer dieser Farben
in unser Heute passt.
Doch,
wir sind ehrlich
mit uns Selbst.
Ein Traum,
muss kein Traum bleiben,
doch am Ende
ist manchmal ein Traum,
nur ein Traum.
Eine längst verblichene Farbe,
erfährt nur Glanz,

wenn, wir unser Licht
darauf scheinen lassen.
Doch wir haben gelernt.

Hatte der Gedanke
eines anderen sie umhüllt,
wie der Nebel,
das Grün am Morgen,
bevor das Sonnenlicht
gewinnt,
erhob sie sich,
zeigte sich in ihrer Kraft.
Hatte das Gefühl
eines anderen
sie eingenommen,
wie ein schlechter Traum,
bevor der Tag gewinnt,
erhob sie sich
aus diesem Traum
und wies ihn zurück.

In der Ruhe, liegt die Kraft,
die sich
in einem guten Gefühl
verstärkt,
weil ein ehrlicher Gedanke,
der den Tag begrüßt,
in einem ehrlichen Gefühl,
Heimat weiß.
Alte, weise Seele,
mochte es so haben?
Das gute Gefühl
wird es erzählen.
Wie lange sie schon geht,
auf Wegen,
auch auf Straßen.
Ihr gutes Gefühl,

wird ihr erzählen,
ob sie alles gesehen hat.
Und ob er
auch ankommen darf,
um in großer,
schöner Fülle zu leben?

Es sind die Wellen,
die wie Gezeiten,
sich bewegen zu vielen Zeiten.
Glitzernd hell
oder grau blau zum Strand
des Lebens hin.
Bunte Gummiboote,
streiften Delphine,
welche sich im Spiel
befanden.
Manche Frage,
wurde sie da draußen
ehrlich gestellt?
Gedanken, fielen tief hinein,
in das Meer der Ewigkeit,
wandelten in
so manchem Graben,

der immer nur,
aus Felsen je bestand.
Doch kehrten sie zurück
ans Licht,
waren sie im Gefühl
befangen?
Und die bunten Gummiboote
taumeln noch auf hoher See?
Es sind die Wellen,
die wie Gezeiten,
sich bewegen zu vielen Zeiten.
Glitzernd hell
oder grau blau zum Strand
des Lebens hin.
Große Schiffe
sehen in der Ferne,

doch fahren sie
in so mancher Rinne,
die der Bagger
auf dem Meeresgrund
gegraben,
damit sie überhaupt
erst fahren.
Erzähle mir keiner,
von großer Freiheit,
die sich jeder
einfach so nehmen kann.
Denn diese Freiheit
hat mit meiner,
keineswegs etwas gemeinsam.
Warum
kehren Schiffe zurück?

Weil es,
in der Ferne keineswegs
etwas gibt,
das wohl zu ihnen
gehören will?
Es sind die Wellen,
die wie Gezeiten,
sich bewegen zu vielen Zeiten.
Glitzernd hell
oder grau blau zum Strand
des Lebens hin.
Sprich, von dem,
das du erlebtest,
was du fühltest,
an manchem Tag.
Sprich von dem,
was dir auch wichtig,

erzähle,
doch höre auch du zu.
Sprich über Liebe,
die du suchtest,
vielleicht schon
dein Leben lang.
Weine, wenn deine Seele
dich einmal rüttelt,
doch bedenke,
warum sie es tut.
Sprich über das,
was dich lachen lässt
und frage,
wenn du einmal
keinesfalls verstehst.
Umarme den,

den du wirklich magst
und den, den du liebst.
Spreche wahr und sei fair,
in allem was du tust.
Schenke doch einfach
deine Antwort,
wenn du gefragt und vertraue,
deinem wahren Gefühl,
wenn es Liebe sagt.

Wenn die Flügel
meiner Seele,
sich zum Silbermond erheben,
glitzern Abertausend Sterne,
wie kleine Diamanten,
auf einem Diadem.
Wenn, die Sonne den Tag
hell erstrahlt
und sich bettet
in den dunklen Abend,
fallen unnütze Gedanken
einfach daneben
und die Gefühle
bleiben leicht.
Wenn die Nacht,
die sich zeigt,

im schönsten Sternenkleid
erwacht,
finden meine grünen Blicke,
zu meiner lieben Seele,
die stets begleitet,
durch die lieben Engel,
im Mondenschein
mit ihnen lacht.
Wenn meine Träume
zum richtigen Leben reichen,
ihre Luftballons,
selbst auch nur eine
Farbe zeigen,
wäre es wohl schon verbracht.
Sterne
einfach so vom Himmel fallen,

wäre wohl Seelenzeit,
innezuhalten.
Gefühle erspürten.
Nun dunkle Tränen leer,
einfach nur frei, von allem,
was ungut war.

In mir wohnt ein Mädchen,
das vieles versteht.
Sich jedoch schon fragte,
wie Leben richtig geht.
Das singt, lacht,
manchmal auch weinte
und das doch, mutig
nach vorn sich bewegt.
Das Mädchen fragte sich
manche Tage,
"Wozu bin ich in der Lage?"
Einer meinte,
du schaffst alles!
Andere pfiffen auf das alles.-
Manche Lage hat sie ertragen,
auch schon in jungen Jahren.

Doch eines
wohnt noch immer in mir,
ich achte stets darauf.
Liebe, ist das Zauberwort,
damit kennt sich
mein Mädchen aus.
In mir wohnt ein Mädchen,
das vieles versteht.
Sich einst nie fragte,
wie Liebe richtig lebt.
Ihr Gefühl führt sie
durch das Leben,
könnte es ein besseres geben?
Viel zu klein,
danach viel zu jung,
um wirklich alles
zu verstehen.

Das Mädchen blieb,
die Frau ward groß,
fühlte tief in sich.
Ließ den Schmerz
des Mädchens los
und heilte ihn für sich.

Es schien kalt,
wenn er manchmal sprach.
Ein Herz, ohne Liebe wohl?
So hoch
auf einem Pferd gesessen,
nie bemerkt,
wie es verletzte?
Scherz gemacht,
jedoch verfehlt.
Er war ein König ihrer Welt?
Das ist ein anderer,
der seine gute Macht
benutzt,
damit sie
Liebe empfangen darf.

Wenn Träume in Booten
auf große Reisen gingen,
sich hielten am Mast,
der die Segel hisste.
Wenn sie durch den Wind,
der auch das Meer berührte,
gestreichelt,
fielen unzählige Tränen
in den Ozean
und ergossen sich
im Wellenmeer,
das oft zu spüren vermochte,
welcher Schmerz
in ihnen lebte.
Wenn Träume in Booten
auf große Reisen gingen,

sich hielten im Wind
an dem Holz, das sie trug.
Und waren die Wellen
des Meeres auch groß,
so erkannten sie, die Kraft,
welche in ihnen wohnt.
So hat sie,
sie aufleben lassen,
für ein Leben lang
und
fragt einer sie,
wo die Träume sind,
die das Holz getragen,
durch den Wind,
auf dem großen Ozean?
Können sie ihm wohl nur sagen,
das werden wir sehen?

Doch was wir wissen,
gingen sie verloren,
werden wir
nie nach ihnen fragen.

Wisst ihr noch,
wie eure Tränen,
ein kleines Meer,
das ausgetrocknet,
wieder zum Leben erweckte?
Seine Wellen sich wogen,
um euren Schmerz zu heilen?
Wisst ihr noch,
als euer Lachen
durch die Straßen hallte,
und die es hörten,
kopfschüttelnd
ihre Schritte
neben euch taten,
doch am Ende,
mit euch gelacht?

Wisst ihr noch,
als jemand euch fragte,
eure Antwort jedoch ausblieb,
weil es euch einfach
nie interessierte,
was Wachstum bedeutet?
Wisst ihr noch,
als ihr das erste Mal
wirklich Liebe empfandet,
das euer Gefühl
von Angst nur sprach,
weil ihr noch keinen Menschen
bisher getroffen,
der so ein
tiefes schönes Gefühl
auszulösen vermochte?

Und wisst ihr,
wie dieser Mensch
heute fühlt?
Wisst ihr um Dankbarkeit?
Bitte erinnert euch,
an die guten Gefühle,
um weiter in tiefer Liebe
in euch selbst zu leben.

Seine Illusionen,
aufgedeckt durch andere?
Versprach er zu viel?
Worte, wie Pfeile
schwirrten einst
durch den Raum,
trafen ins Schwarze.
Es war alles zu viel?
Angst wohnte in ihm,
Liebe, ein so starkes Gefühl?
Erreicht sie ihr Ziel,
immer, überall?

Sonnenland am Horizont
malt den Himmel rot.
Der Tag, er legt sich schlafen
und träumt von einem neuen
Morgen schon.
Gedanken
fallen sacht ins Gefühl,
bleiben,
weil die Seele Liebe fühlt.

Hörst du die Stille
in einer lauten Zeit?
Trägst du ein Gefühl
der Gelassenheit?
Sprichst du
über deine
oder über die Welt
da draußen vor der Tür?
Gibt es für dich
einen Unterschied?

In den Nächten
wachen Sterne über uns.
Manchmal
lassen auch sie einfach
nur los.
Hindurch durch
unzählige Geschwister,
vorbei an Planeten,
finden sie ins nirgendwo.
Ihr heller Schein
grüßt unsere Blicke,
mancher Wunsch
geboren scheint.
Unser Herz hocherfreut.
Sternschnuppen Zeit.

Wenn eine, wie die Sonne,
die Haut eines
anderen Mondes
sanft berührt,
erhellt sich seine Seele
leise und glaubt,
sie leuchtet groß
in der Nacht.
Wenn die Sonne auch am Tag,
die Haut des Mondes sanft
berührt,
erhellt sich seine Seele leise,
leuchtet nur
mit kleinem Schein.
Warum das wohl so ist?

Wird vergangenes vergessen,
wird es niemals lehrreich sein.
Schmerzen
sollten nun heilen dürfen,
doch vergessen?
Niemals. Nein.

Eine Grenze, ist eine Grenze.
Gleich, ob sie blühend,
oder ob sie aus Stein.
Eigener Raum,
auch energetisch,
ist wichtig für Jeden,
der sie für sich
selbst aufstellt.
Eine nette Einladung,
ist keine Einladung,
für alles Gefühl.
Sie ist keine Zusage,
für Nacht, noch Tag.
Sie ist eine Art guter Lohn,
nur für den Zeitpunkt,
Punkt genau, wie gemeint.

Wissen wir immer,
wer wir wirklich sind?
Wissen wir immer,
was wir wirklich möchten?
Wissen wir,
was wir keinesfalls mögen?
Wäre das gut,
um in Vertrauen
vorwärts zu gehen?

Das teuerste Juwel
wird nie genügen,
ist ein Herz kalt und leer.
Macht,
nur den Mächtigen,
die, die wirklich
nur Liebe in sich tragen.

Wer bestimmt den Weg?
Die Seele, das Herz, das Ich?
Wenn eine Seele lächelt,
ist das Herz in Freude,
das Ich stimmt mit ein.
Tausende von Antennen
senden Liebe aus,
fangen Liebe ein.
Wer bestimmt den Weg?
Die Seele?
Ja, wenn das Herz
mit einstimmen mag.
Das Ich?
Nur, wenn es geheilt.

Wenn sich
Gelb und Rot winden,
durch trockenes Geäst,
nach oben kontrolliert,
sich wälzen.
Wenn es knistert,
die Seele sich befreit fühlt,
von Altem.
Spricht der Geist des Feuers,
vom Licht?

Die Hände gefaltet.
Herzen sprechen Worte leise.
Hoffnung wächst in der Seele
und erinnert sich.
Selbst aus einem kleinen,
gesunden Samenkorn,
Großes erwachsen wird,
das noch
zum Besseren gelangt,
glaubt es an das Licht.

Von Marion Jana Goeritz ebenfalls beim Verlag BoD erschienen (BoD Books on Demand, Norderstedt, nähere Informationen finden Sie unter www.BoD.de)

„Liebe für die Seele Band 1"
ISBN 978-3-7357-4045-8

„Liebe für die Seele Band 2"
ISBN 978-3-7357-7734-8

„Seelenweiß"
ISBN 978-3-7347-5769-3

„Seelen essen Liebe gern"
ISBN 978-3-7347-8706-5

„SeelenEngel"
ein spiritueller Erfahrungsbericht
ISBN 978-3-7386-2588-2

„SeelenSchlüssel"
ISBH 978-3-7386-3844-8

„Seelenfarben"
ISBN 978-3-7386-3947-6

„Seelenschimmer"
ISBN 978-3-7386-4014-4

„Seelenfinden"
ISBN 978-3-7386-4037-3

„Ein Gefühl meiner Seele"
ISBN 978-3-7386-1506-7

„Seelenfrieden" Danken, Bitten, Entspannung ein persönlicher Erfahrungsbericht
ISBN: 978-3-7386-4884-3

„Seelenweihnacht"
ISBN: 978-3-7386-5616-9

„Im Land unter dem Regenbogen" Wunderbare Märchen und unglaubliche Geschichten
ISBN: 978-3-7392-0115-3

„Freddy und seine Geschichten"
ISBN: 978-3-7386-3321-4

„SeelenWorte"
ISBN: 978-3-7392-0455-0

„Herzanker"
ISBN: 978-3-7392-3482-3

„Im Fluss der Liebe"
ISBN: 978-3-7392-3489-2

„Seelenklänge"
ISBN: 978-3-7392-3532-5

„Liebeslied"
ISBN: 978-3-7392-3548-6

„Wahre Traumtänzerin"
ISBN: 978-3-7392-3556-1

„Emilia Sommerfeld"
ISBN: 978-3-7392-3787-9

„Für mich war es Liebe"
ISBN: 978-3-8423-5362-6

„Kaleidoskop"
ISBN: 978-3-8423-5738-9

„Die verzauberte Wiese"
ISBN: 978-3-7412-0772-3

„Seelenbrücke"
ISBN: 978-3-7412-0890-4

„Wetterleuchten"
ISBN: 978-3-7412-2740-0

„Zentrifuge"
ISBN: 978-3-7412-4011-9

„Für Dich"
ISBN: 978-3-7412-4018-8

„Hannos Geschichten"
ISBN: 978-3-7412-9373-3

„Das Eulenherz"
ISBN: 978-3-7431-0009-1

„Eine Reise irgendwo hin"
ISBH: 978-3-7421-0042-8

„Ist das wirklich wahr?"
ISBN: 978-3-7431-1549-1

„Stille Momente"
ISBN: 978-3-7431-1586-6

„Engelszwirn"
ISBN: 978-3-7431-1594-1

„Anders"
ISBN: 978-3-7448-3582-4

„Wenn es spricht"
ISBN: 978-3-7448-3583-1

„Jonas und die Himmelsleiter"
ISBN: 978-3-7448-5452-8

„Farbenregen"
ISBN: 978-3-7448-5453-5

„Wellenfarbe"
ISBN: 978-3-7448-7311-6

Blanchefleur
ISBN: 978-3-7448-7415-1

„Winterzauber"
ISBN: 978-3-7448-9885-0

„Seele was denkst du dir?"
ISBN: 978-3-7448-9937-6

"Der Südwind
der aus dem Norden kam"
ISBN: 978-3-7448-8206-4

"Erinnerungsblick"
ISBN: 978-3-7460-1281-0

„Mosaik" Gefühle und Gedanken
Gedichte
ISBN:978-3-7460-1320-6

„Begegnung"
ISBN: 978-3-7460-9595-0

„Sternenozean"
ISBN:978-3-7460-9685-8

„Himmelsstern"
ISBN: 978-3-7528-5012-3

„Mut verspricht Lebendigkeit"
ISBN: 978-3-7528-5071-0

„Liebeswort-Gedichte"
ISBN: 978-3-7528-6639-1

„Wenn Schiffe wandern"
ISBN: 978-3-7528-6655-1

„Bunte Federstriche" Gedichte
ISBN: 978-3-7481-0960-0

„Himmelblau und Sonnenreich"
Tierseelengeschichten
ISBN: 978-3-7481-3289-9

„Durchreisen"
ISBN: 978-3-7386-5903-0

„Grüne Traummusik"
ISBN: 978-3-7392-4925-4

„Bewegung"
ISBN: 978-3-7481-4013-9

„Wolken am Himmelsrand"
ISBN: 978-3-7494-8219-1

„Schrittweise"
ISBN 978-3-7448-0116-4

„Das grüne Kleid im Labyrinth"
ISBN: 978-3-7504-0490-8

„Zweiundzwanzig Wegboten"
ISBN: 978-3-7504-0676-6

„Lamberts schönster Wunsch"
ISBN: 978-3-7504-5232-9

„Die wunderbare Josepha"
ISBN: 978-3-7528-2254-0

Weitere Informationen zu allen meinen Büchern oder zu Neuerscheinungen finden Sie immer auf meiner Seite

www.buchkaleidoskop.Reikipraxis-Goeritz.de